EN PAREJAS™

¿Conoces los osos?

Escrito por Gare Thompson
Adaptación al español por Rubí Borgia

STECK-VAUGHN®
COMPANY

A Division of Harcourt Brace & Company

Los osos negros son muy grandes.

Los osos negros son buenos trepadores.

Los osos blancos son más grandes que los osos negros.

Los osos blancos son buenos nadadores.

Los osos pardos son más grandes que los osos blancos.

Los osos pardos son buenos pescadores.

Las osas mamás son más
grandes que los cachorros.